Hans Ostwald

Maxim Gorki

Herausgegeben von Georg Brandes

elv

www.elv-verlag.de

Ostwald, Hans

Maxim Gorki

ISBN: 978-3-86267-272-1

Auflage: 1
Erscheinungsjahr: 2012
Erscheinungsort: Bremen, Deutschland

Europäischer Literaturverlag GmbH, Fahrenheitstr. 1, 28359 Bremen (www.elv-verlag.de).

Bei diesem Titel handelt es sich um den Nachdruck eines historischen, lange vergriffenen Buches aus dem Verlag Bard, Marquardt & Co, Berlin (1902). Da elektronische Druckvorlagen für diesen Titel nicht existieren, musste auf alte Vorlagen zurückgegriffen werden. Hieraus zwangsläufig resultierende Qualitätsverluste bitten wir zu entschuldigen.

Cover: „Bildnis Maxim Gorki" (1905) von Valentin Serow.

DIE LITERATUR

HERAUSGEGEBEN·VON
GEORG·BRANDES

Maxim Gorki

von Hans Ostwald

Mit einem Lichtdruck, dreizehn Vollbildern in Tonätzung und zwei Faksimiles

BARD·MARQUARDT·&·Co·BERLIN

SEIT EINIGEN JAHREN hat die russische Literatur einen neuen, beachtenswerten Ton hinzugewonnen zu ihren alten bekannten Klängen. Wie eine Auffrischung, die alles durchdrang, wirkte das. Der Schriftsteller, der da den neuen Ton hinausschrie aus voller Seele, wurde nicht überhört. Ja, gern und willig lauschte alles auf ihn. Und nicht nur seine Landsleute wendeten sich ihm zu. Auch das Ausland, und besonders unsere deutsche Heimat verschloß sich nicht engherzig gegen ihn — wie sie es sonst so gern gegen ihre eigenen Talente macht. Ja, es dauerte garnicht lange, da gehörte dieser junge Russe zu den Vielgelesensten seines Reiches und der Nachbarländer.

Selten ist einem jungen Künstler der Weg zum Erfolg so kurz geworden, wie diesem Maxim Gorki. Selten war dieser Weg so glatt und so gereinigt von Hindernissen.

Gewiß, auch Gorki hat zu kämpfen gehabt. Aber was wollen diese wenigen Jahre besagen gegen die Jahrzehnte, in denen sich andere abmühen und abringen mußten und noch müssen? Sein Kampf ist doch mehr einer um Erringung eines gesellschaftlichen Niveaus, um Geistesbesitz und Sorglosigkeit gewesen, denn um künstlerische Anerkennung. Fast im selben Augenblick, wo er mit seinen charakteristischen Werken hervortrat, ward er auch anerkannt. Ja, er ward mehr als anerkannt. Er ward gefeiert, geliebt, verehrt. Seine Werke wurden verschlungen.

Dieser stürmische Erfolg macht es notwendig, das Wesen und die Werke des Dichters näher zu betrachten und zu würdigen.

* *
*

Ein schwerer trüber Märztag. Regen und Dunst. Keine Bewegung in der Luft. Den Ausblick verschleiert das Grau, das über der Erde dampft, vereinigt sich in naher Ferne mit dem niedrig hängenden Himmelsgrau.

Und doch sieht es überall aus, als wolle es Frühling werden. Die Fliederbüsche werden dicht, die Zweige schwellen. In dem dunklen Gehänge der hellen Birkenstämme, in den emporstrebenden Wipfeln der Linden zeigt sich ein hellbrauner Schimmer. Von einzelnen Bäumen tropfen Kätzchen. Und auf den Kastanienästen stecken korallenrote spitze Knöpfe. Aus dem vergilbten und verfilzten Gras am Wegrand tauchen frischgrüne Flecken auf.

Die Luft ist halbkalt und gesättigt mit Feuchtigkeit. Schwer lastet sie auf allem, macht die Wege mühevoll . . .

Und plötzlich springt der Wind um, fegt den eintönigen Himmel auseinander, wirft mit kräftigen Armen die Wolken wie ein Kinderspiel zusammen und wieder voneinander, enthüllt ein Stück hellsten Himmels — um im nächsten Augenblick wieder einen dicken, dunklen Wolkenballen darüber hinzurollen.

Alles ist in Bewegung gekommen.

Der Dunst zieht fort, und die Bäume werden vom Winde geschüttelt, daß die Tropfen herunterstäuben.

Bald ist es licht, bald ist es finster am Himmel.

Aber die ermüdende, erschlaffende und verzweiflungsvolle Eintönigkeit ist gewichen.

Das Leben ist da.

Der Frühling.

Mit all seinem Temperament, mit seiner Kraft und Stärke, mit seinem Kampf und dem Glauben an seinen Sieg . . .

* * *

So etwa könnte man das Wesen des jungen Russen und sein Wirken auf Rußland, auf die russische Literatur charakterisieren.

Will man den Dichter und seine Eigenart, seine Bedeutung in seinem Vaterlande richtig erfassen, so muß man den Kreis und die Verhältnisse betrachten, in die Gorki hineintrat. Nur so ist er zu verstehen, nur so sein großer Erfolg bei den Russen und die Nachwirkung dieses Erfolges bei uns zu begreifen.

Maxim Gorki ist heut 34 Jahre alt. Noch vor zehn Jahren stand er in der Eisenbahnreparaturwerkstatt zu Tiflis als schlichter Arbeiter am Schraubstock. Heute zählt er zu den führenden Geistern in Rußland.

MAXIM GORKI
[Im Jahre 1900]

Das ist ein jäher Sprung, ein Weg über eine tiefe Kluft, die zwei steil voneinander emporragende Welten trennt. Wie kühn der Sprung ist, erfaßt man erst, wenn man in Betracht zieht, daß Maxim Gorki sich aus der untersten Schicht emporarbeiten mußte und er eigentlich nie eine richtige Schule besucht hat.

Aber eine noch so eingehende Analyse von Gorkis Talent würde das Verständnis für die Bedeutung dieses Schriftstellers doch nie ganz erschließen. Erst im Zusammenhang mit der Entwickelung der russischen Gesellschaft und der russischen Literatur kann die Erscheinung Gorkis verständlich werden.

* *
*

Für den gebildeten Russen bedeutet die nationale Literatur nicht bloß die geistige Blüte seines Volkstums: ihm ist sie vor allem ein Spiegelbild der jeweiligen sozialen Verhältnisse, der kulturellen Phase, in der die betreffenden Werke geschaffen wurden.

Der russische Schriftsteller sieht seine Aufgabe nicht ausschließlich darin, seinen Lesern ästhetische Genüsse zu bieten, sie zu erheben, zu unterhalten, ihnen sensationelle Erschütterungen zu bereiten. Eine solche Literatur würde in Rußland vorläufig keinen rechten Boden finden. Rußland verlangt seit dem Tage, da es eine eigene Literatur besitzt, etwas anderes vom Schriftsteller. Er muß die Empfindungen der öffentlichen Meinung ausdrücken können. Er muß das aussprechen und gestalten, was die verschiedenen sozialen Schichten durchströmt, was sie bewegt. Was in ihnen nicht zu Worte kommen kann, was in ihnen nur klingt und bohrt, muß er in Worte fassen und Menschen aus den allgemeinen Gefühlen schaffen. Ja, er muß auch diese Gefühle reformieren können.

Daraus erklärt sich das allgemeine lebhafte Interesse, das in Rußland den Erzeugnissen der belletristischen Literatur entgegengebracht wird. Man sieht in ihr ein Spiegelbild der verschiedenen Phasen jener überraschenden Entwickelung, die Rußland während der letzten sechzig Jahre durchgemacht hat.

Da sind die Reformen der fünfziger und sechziger Jahre. Die Leibeigenschaft wurde aufgehoben, das Kastenwesen vielfach gesprengt, die ländliche Selbstverwaltung eingeführt. Auf dem Gebiete der Justiz, des Unterrichts, des Kredit- und Verkehrswesens erschienen soviel Neuerungen, daß dies alles zu einem ganz neuen Rußland den Grund legte. Gerade in jene bewegte Periode fällt eine kräftige Blütezeit der russischen Literatur: Turgenjew, Gontscharow, Leo Tolstoi und Dostojewki fanden in dem frisch aufgewühlten keimkräftigen Boden der russischen Gesellschaft die reichste Nahrung für ihr dichterisches Talent. Neben und mit ihnen schufen eine Reihe nicht minder begabter Autoren aus dem Vollen — bis der Einbruch der Reaktion in der zweiten Hälfte der sechziger und in den siebziger Jahren wie ein frostiger Reif auf die üppige Blüte fiel und sie vernichtete. Nach und nach verstummten die Großen. Nur Leo Tolstoi überlebte sie.

Neben ihm arbeiten nur Epigonen, die Volksfreunde. Nur wenige Dichter erwerben sich eine höhere Wertung. Als solche, die auch bei uns in Deutschland Boden gefunden, kann man Wladimir Korolenko und Tschechow rechnen. Die beiden gehören zu der Gruppe, die man „Männer der achtziger Jahre“ nennt.

Diese Jahre, die dem Auftreten Gorkis unmittelbar voraufgehen, gehören zur düstersten Zeit der neueren russischen Geschichte. Finstere Reaktion ist auf allen Gebieten nach dem verzweifelten Nihilistenkämpfen der siebziger Jahre gefolgt. An der Schwelle des Jahrzehnts steht der Zarenmord, dem Alexander II. zum Opfer fiel — und über dem Jahrzehnt schwebt der finstere Geist, der Tausende und Abertausende junger begabter Leute nach Sibirien verschickt.

So bedeutete diese Zeit einen entschiedenen moralischen Rückschritt im sittlichen Stande des russischem Volkes.

Der mußte sich natürlich in der Literatur wiederspiegeln. Nichts von Aufschwung und reformatorischem Drange erfüllt jene Epoche. Ein tief zerschneidender Pessimismus erstickt alles Frische. Nur Korolenko, der den größten

BETTLER FÜR EINEN KIRCHENBAU SAMMELND
[Nach einer von Gorki gestellten Aufnahme]

Teil dieser Zeit als politischer Sträfling im fernen Jakutsk lebte und so die widerwärtigen Eindrücke der Reaktion nicht in sich aufnahm, blieb unberührt und kräftig. Auch Anton Tschechow hat die traurigen Jahre überlebt und ist weiter gewachsen.

Gewiß, ganz konnte er sich nicht dem Einfluß der Zeit entziehen. Er wurde der Schilderer der tristen bürgerlichen Gegenwart. Aber er verdiente, näher bei uns bekannt zu sein, als er ist. Seine Werke drücken überall eine quälende Sehnsucht nach besserem aus — nach besserem, das sich nie bietet. Seine Menschen sind hilflos. Sie sprechen wohl: „Nein, so kann man nicht leben. So gehts nicht weiter." Niemals aber können sie sich zu einer befreienden Tat aufraffen. Sie zerschellen am Leben und seiner erdrückenden Gewalt.

Dennoch ist Tschechow der von hohem Ernst durchdrungene reiche, vielseitige Künstler, der den Menschen seiner Zeit reife, wertvolle Werke schuf, die ihres Gehaltes wegen noch lange nachwirken werden, ja, die wohl wegen seines reinen

Könnens noch dann gewürdigt werden, wenn schwächere, aber lautere, lärmendere Talente eingetrocknet sind. Nur ist er eben so feinorganisiert, daß alle Töne seiner Zeit in ihm wiederklingen, daß er ihnen nur entfliehen kann, wenn er sie in Kunstwerken wiedergibt. Und so bringt er uns denn, wie in der „Möve“, in „Onkel Wanja“ und anderen Schauspielen, Romanen und Erzählungen, die geknickten, unlustigen oder morschen Menschen seiner Tage, seines Landes, seiner Qualen — ganz so, wie viele, die mit ihm schaffen, die aber nicht auf gleicher dichterischer Höhe stehen.

* *
*

In diesen Zustand der Literatur und der Gesellschaft Rußlands trat nun Maxim Gorki. Er brachte das Neue und Starke, das die Reformen der sechziger Jahre vorbereitet hatten. Diese Reformen, so einseitig und unvollkommen sie auch gewesen sein mögen, hatten doch genügt, neue wirtschaftliche Lebensformen zu schaffen. Auf der einen Seite entstand eine wohlhabende, fast nur aus nichtadeligen Schichten sich rekrutierende Bourgeosie, auf der andern Seite ein industrielles Proletariat. Aus diesem Milieu ist Maxim Gorki hervorgegangen. Und aus diesen echt modernen Gegensätzen ist seine Erscheinung zu verstehen. Im klaren Bewußtsein seiner sozialen Stellung ist er in die literarische Bewegung eingetreten. Dies Selbstbewußtsein, das ihn als eine ganze Persönlichkeit kennzeichnete, war es besonders, das ihm seinen ungewöhnlichen Erfolg bereitete. Und als Angehöriger einer neu aufstrebenden Klasse, einer Klasse, die wieder ideale Ziele vor sich sah, die sich nicht mit der vorhandenen Form des Lebens begnügte, war es selbstverständlich, daß Gorki, der Proletarier und Eisenbahnarbeiter, das Leben nicht verneinte, sondern es bejahte, mit aller Kraft der Lunge und des Herzens bejahte er es.

Und diesem neuen Ton hat er seine Wirkung zu verdanken.

* * *

Gorki, der eigentlich Alexej Maximowitsch Pjeschkow heißt, wurde am 14. März 1862 in Nischni-Nowgorod geboren. Seine Mutter,

Warwara, war die Tochter eines reichen Färbers. Sein Vater aber war nur ein armer Tapezierer — weswegen die Warwara von ihrem Vater verstoßen wurde; sie aber hielt fest zu ihrer Liebe. — Der kleine Maxim verwaiste früh. Er war drei Jahre alt, da ergriff ihn die Cholera, die seinen Vater zu gleicher Zeit dahinraffte. Seine Mutter starb ihm in seinem neunten Jahre — nachdem sie zum zweiten Mal geheiratet hatte. Sie erlag der Schwindsucht. Nun stand Gorki ohne Eltern da. Sein strenger Großvater nahm ihn zu sich. Nach russischem Brauch ward er bald in die Lehre getan — zu einem Schuster. Aber bei dem Schuster stieß ihm ein Unglücksfall zu: er verbrühte sich mit kochendem Wasser, und der Meister schickte den Knaben nach Hause zum Großvater. Vorher war er kurze Zeit in der Schule gewesen. Da er aber die Pocken bekam, mußte er die Schule verlassen. Und damit war seine Bildung abgeschlossen — zu seinem Vergnügen. Denn er machte sich nichts aus dem Lernen. Und die Psalmen, die ihm sein Großvater beibrachte, machten ihm auch keine besondere Freude.

TARTARISCHER TAGLÖHNER
[Nach einer von Gorki gestellten Aufnahme].

Als er sich von seinem Unglücksfall, der ihn bei dem Schuhmacher betroffen, erholt hatte, kam er zu einem Zeichner und Heiligenmaler in die Lehre. Aber mit „diesem konnte er sich nicht verstehen“, der behandelte ihn zu schlecht. Der tapfere Junge flüchtete; jetzt bemühte er sich selbst um eine Stelle, und es gelang ihm, als Küchenjunge auf einem Wolgadampfer unterzukommen.

Hier begegnete er dem ersten freundlichen, wohlwollenden Menschen. Der Küchenmeister Smurij fand Gefallen an dem geweckten Burschen und versuchte, ihm von dem, was er selbst besaß, mitzuteilen. Er war ein großer Bücherfreund. Und das reizte den Knaben, da hier ein wohlwollender Mensch Beziehungen zu den Büchern hatte. Er sah das Buch in neuem Licht und fand Geschmack am Lesen, das er vorher so verabscheut hatte. Gogol und die Heiligenlegenden lasen die beiden in ihren Freistunden in einem Winkel des Deckes, die Wolgasteppen mit ihrem wuchtigen weiten Ausblick vor sich, umrauscht von der Musik der Wellen, die gegen die Schiffswände klatschten. Daneben las der Junge alles, was ihm der Zufall in die Hände warf. Neben den wirklichen Klassikern beschäftigten seinen Geist die Erzeugnisse unbekannter Autoren, die Schmierwerke von Kolportageschriftstellern.

Das alles erweckte in ihm — etwa in seinem 15. Jahre — einen jähen unstillbaren Durst nach Kunst und Wissen. Ohne zu wissen, wovon er sich während seiner Studienzeit ernähren und kleiden könne, ging er nach Kasan, um dort zu studieren. Seine unfundierten Hoffnungen brachen bald zusammen. Er hatte eben, wie er sich ausdrückte, kein Geld, Wissen zu kaufen. Und anstatt in eine Schule, trat Gorki in eine Zuckerbäckerei ein. Mit drei Rubeln, die er monatlich erhielt, mußte er bei achtzehnstündiger Arbeit sein Leben fristen. Diese für ihn zu anstrengende Arbeit gab Gorki bald auf. Am Fluß, am Hafen lebte er als Gelegenheitsarbeiter, als Holzsäger oder Gepäckträger. Nun verlor er auch das Obdach. Er mußte in der Gesellschaft der Heruntergekommenen leben. Was aber auch immer der

Jüngling in dieser Gesellschaft, in diesem Kampf um die Nahrung der Stunde gelitten haben mag — er erlebte nun die Tiefen des menschlichen Lebens selbst und kam in die schwärzesten Abgründe.

Aber mit dem besten Willen und allen Kräften konnte er sich keine Aussicht auf bessere Tage erringen. Er sank selbst immer tiefer in das Strolchleben hinein.

In seinem zwanzigsten Jahre überwand ihn die Verzweiflung. Das Leben hatte für ihn keinen Wert mehr. Er machte einen Selbstmordversuch. Die Revolverkugel drang in seine Lunge ein, ohne ihn zu töten. Der Arzt entfernte die Kugel. Gorki kränkelte danach einige Zeit. Als er sich erholt hatte, suchte er sich neue Arbeit.

Er wurde Obsthändler und las, wie bisher, eifrig wissenschaftliche und literarische Werke jeder Richtung. Doch auch dieser Beruf bot ihm nichts. Er ging nach Caryzin als Weichensteller und Arbeiter in Eisenbahnwerkstätten.

Aber auch an der Eisenbahn war seines Bleibens nicht lange. Er mußte sich im Jahre 1890 in seinem Heimatsort Nischni-Nowgorod zur militärischen Musterung stellen. Doch wurde er wegen seiner Wunde, die vom Selbstmordversuch herrührte, nicht eingereiht.

In Nischni-Nowgorod kam er mit einigen Gliedern der gebildeten Kreise zusammen. Er war zuerst als Kwaß-Bierverkäufer mit seinem Fäßchen durch die Arbeiterstraßen und durch die Reihen der Marktzelte gezogen, jedem Trinker, der es wünschte, seinen Becher vollzuschänken... Wieder trieb es ihn hinaus. Er lebte wieder als Landstreicher und Trinker. In Odessa nahm er Arbeit im Hafen und in den Salzwerken. Dann durchwanderte er Bessarabien, die Krim, die Kuban und kam schließlich nach dem Kaukasus. In Tiflis arbeitete er in Eisenbahnwerkstätten. Hier begegnete er wiederum einigen Leuten aus gebildeten Kreisen, hauptsächlich jungen Armeniern. Seine Persönlichkeit, seine immerhin schon bemerkenswerte Bildung warb sie ihm zu Freunden. Von einem verkommenen Studenten, den er selbst einmal als Alexander Kaluschny schildert, hatte er das Niederschrei-

STROLCHE — DIE SITZENDE FIGUR DAS URBILD FÜR LUCCA
[Nach einer von Gorki gestellten Aufnahme]

ben und Gestalten gelernt. Mit großem Eifer beobachtete er nun jede Seelenregung eines befreundeten Geisteskranken, der viel von der Wiedergeburt der Menschheit sprach, und trug seine Beobachtungen in sein Notizbuch ein. Derartige Notizbücher, in die er seine Eindrücke niederschrieb, besitzt Gorki in großer Anzahl. Damals beschäftigte er sich mit den großen Dichtern, mit Shakespeare, Goethe und Byron. Am meisten bewunderte er Manfred, der über die Elemente und Ariman befahl. Alles Ungewöhnliche begeisterte ihn.

In der gleichen Zeit begann er in aller Heimlichkeit literarisch zu arbeiten. Seine Erzählung „Makar Tschudra" erschien im Jahre 1893 in der kaukasischen Zeitung „Kawkas". Aber er konnte immer noch nicht von geistiger Tätigkeit leben. Er mußte immer noch handlangern. Da kam ihm die Idee, wandernd Volksvorstellungen zu geben. Er schnürte sein kleines Bündel und zog abermals aus. Schon im April hatte er Gleichgesinnte angeworben. Eine Frau und fünf Männer hatten sich gemeldet. Unterwegs sollte die Truppe vergrößert werden — aber Gorki mußte seine Wanderschaft allein fortsetzen und kam wieder nach Nischni-Nowgorod.

Ein großer Glücksfall führte ihn zu dem Advokaten Lanin, einem Freund moderner Literatur. Der erkannte bald, welchen Kopf er in seinem Bureau hatte. In ernster Weise sorgte er für die Ausbildung des jungen Menschen.

Jetzt schrieb Gorki seine ersten größeren Erzählungen. Bald wurden mehrere Literaturfreunde auf ihn aufmerksam. Sie schickten ihn zu dem bekannten Wladimir Korolenko, der damals in Nischni-Nowgorod lebte und die Zeitschrift „Russischer Reichtum“ herausgab. Korolenko zeigte großes Interesse für Gorki. Doch konnte er dem jungen Dichter noch kein Fundament zum Schaffen bieten. Gorki mußte sich mühselig als Mitarbeiter kleiner Provinzzeitungen durchs Leben bringen. Ja, es ging ihm wie so vielen Schriftstellern: nicht einmal ein geringes Honorar bewilligten ihm die Redaktionen, sondern schickten einfach seine Arbeit zurück, wenn er, wie von einer Odessaer Zeitung, drei Kopeken für die Zeile verlangte. Doch gab ihm diese Zeitung den Auftrag, über die Weltausstellung in Nischni-Nowgorod vom Jahre 1896 Berichte zu schreiben. Darauf ging Gorki gern ein. Zwar erregten diese Berichte die allgemeine Aufmerksamkeit. Aber die Zeitung bezahlte sie so schlecht, daß Gorki in den dürftigsten Verhältnissen leben mußte und brustleidend wurde.

Da nahm sich Korolenko seiner ernsthaft an. Was Gorkis bisherigen höchst eigenartigen Leistungen nicht gelungen war — die Fürsprache eines Schreibgewaltigen machte ihn begehrenswert und bekannt. Neue Zeitschriften forderten ihn zur ständigen Mitarbeiterschaft auf. Und nun begann die sorglose Existenz des dichtenden Vagabunden, der nach seiner eigenen Angabe vier Lehrer gehabt hat: den Koch des Wolgadampfers, den Advokaten Lanin, den Bummler, den er als Kaluschny darstellt, und Korolenko.

* *
*

Selten ist ein Schriftsteller so frühzeitig zu solchen Ehren gekommen, wie sie Gorki bereitet wurden. Das ist sicher seiner blutvollen Art zuzuschreiben, mit der er sich in die kulturellen Strömungen seines Vaterlandes wagte. So hat er sein rasches Wirken den sonderbaren Verhältnissen des russischen Reiches ebenso zu verdanken, wie seinen Fähigkeiten. Dort, wo kein öffentliches Leben freie Äußerung der Wünsche und Selbstgestaltung der Zukunftspläne gestattet, wird die Kunst immer größere Hoffnungen erfüllen sollen, als dort, wo freiere Wege bereits aufgeschlossen worden sind. Und da erringen denn Männer wie Gorki einen uns schier unglaublich dünkenden Einfluß. Er ist nicht nur ihrer künstlerischen Persönlichkeit zu danken. Sondern zum mindesten ebenso stark ihrer menschlichen Bedeutung, ihrem kulturellen Wirken, ihrer aggressiven Tätigkeit.

Nun wäre es aber verkehrt, nur den Zuständen allein den Erfolg solcher Individualitäten zuschreiben zu wollen, und dem, was sie sagen, und daß sie es mit starrem unbeugsamen Mannestrotz sagen. Die Fähigkeit, die Begabung, das Wie sprechen denn doch auch mit. In Ruß-

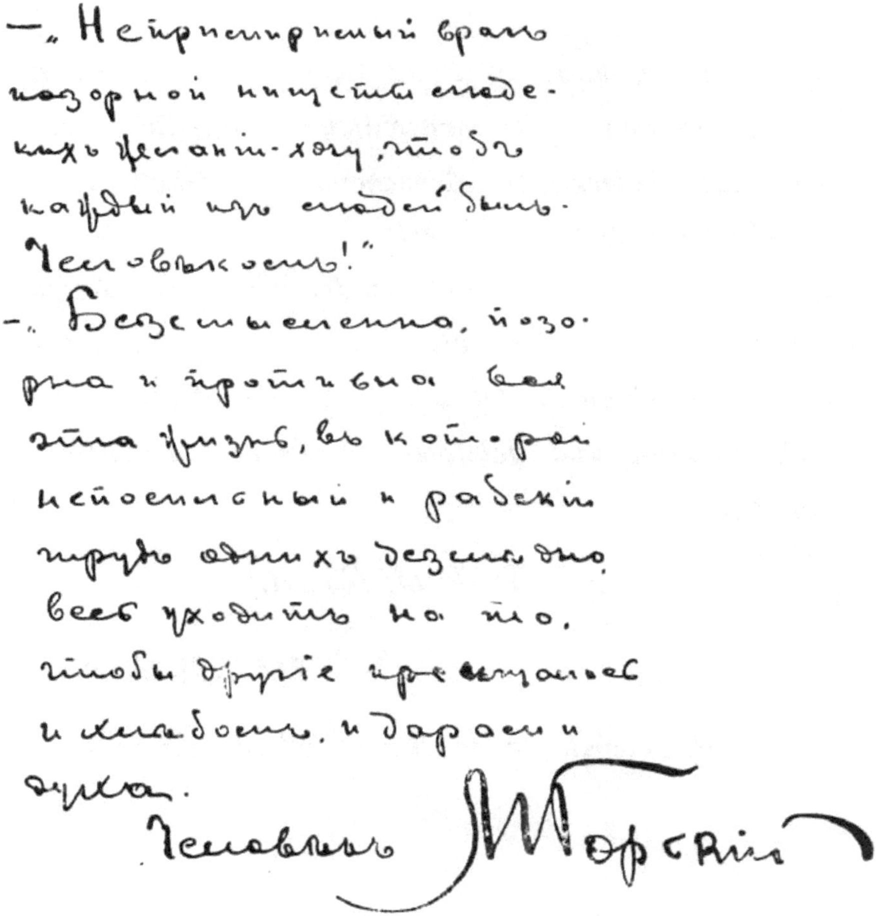
— „Непримиримый врагъ
позорной нищеты людскихъ желаній — хочу, чтобы
каждый изъ людей былъ
Человѣкомъ!"
— „Безсмысленна, позорна и противна вся
эта жизнь, въ которой
непосильный и рабскій
трудъ однихъ безслѣдно
весь уходитъ на то,
чтобы другіе пресыщались
и хлѣбомъ, и дарами
духа.
Человѣкъ М. Горькій

Eine Seite aus dem im Deutschen noch nicht veröffentlichten neuesten Werke Gorkis, von dem Dichter eigens dem Verfasser dieser Biographie aufgezeichnet und zugesandt.

„Ein unversöhnlicher Feind alles Schmachvollen und Armseligen in den menschlichen Wünschen, will ich, dass jeder, der Menschenantlitz trägt, auch wirklich ein MENSCH sei!“

„Sinnlos, erbärmlich und widerwärtig ist dieses ganze Leben, in dem die übermässige, sklavische Arbeit der einen restlos draufgeht, damit die andern sich an Brot und geistigen Genüssen übersättigen können.“

Aus „DER MENSCH.“

MAXIM GORKI.

(Für den vorliegenden Band niedergeschrieben.)

land wird es nicht Wenige geben, die zu den nämlichen Erkenntnissen und Einblicken gekommen sind wie Gorki. Aber denen mangelt es am Organ; ihnen fehlt die Kraft des Könnens.

Zwar wird auch mancher Könner vorhanden sein. Aber er ist vielleicht nicht der ganze Mann, der ernst und fest zupackt, ohne Scheu und ohne Schonung, wie es Gorki so oft getan hat.

* * *

Umsonst nennt sich Maximowitsch Pjeschkow nicht Gorki, d. i. der „Bittere". Er stellt den alten Helden, den großen Kriegskünstlern und Massenmördern — den Rittern Blaubart und Toggenburg, dem Richard Löwenherz — ein neues Heldentum gegenüber. Was sind uns heute noch jene Gewalthelden? Keiner kann in ihnen das Leben wiedergeben, wie wir es erkannt haben. Sie waren und sind eine Form geworden, in die sich nicht mehr der üppige allseitige Gehalt des Daseins hineinschöpfen läßt.

Aber — wir müssen doch wieder Helden haben; Helden, die ihr Leben auf eine besondere Weise meistern, die ein schweres Schicksal erlebt haben. Unsere Sehnsucht verlangt glühend nach Menschen, die aus dem Kleinen des Alltags hinaus sind, die es verachten und still darüber hinwegleben.

Da stellt nun Gorki die von uns so oft falsch betrachteten Allerelendesten, die Heimat und Obdachlosen dar, die Verachteten, Mißhandelten und Bemitleideten. Und wir müssen erkennen: ja, das sind Helden, Sieger, Abenteurer. Nicht alle, aber viele.

Als besonders erkenntnisreich erscheint die Schilderung: „Verlorene Leute", die gewissermaßen eine Vorstudie zu dem vielgenannten „Nachtasyl" bildet.

Hier erleben wir neue Romantik. Hier wird kein Vergangenheitsideal neu aufgeputzt und geschminkt oder mit frischem Flitter behangen. Hier werden Menschen unserer Zeit dargestellt.

Ob man in Deutschland auch solche Helden als Erfüllung seiner romantischen Sehnsucht anerkennen wird?

Ich bezweifle das. Ist doch das „Nachtasyl" dem Publikum der Provinz meist zu stark, zu laut agitatorisch und erschütternd. Wir Deutschen haben nicht die tiefe Religiosität des Russen, die in Jedem einen Mitsünder und Miterlösten sieht. Und bis zu jener höheren Religiosität, die in jedem Menschen einen Sündlosen und einen gar nicht der Erlösung Bedürftigen erkennt, haben wir uns noch nicht aufgeschwungen.

So erscheinen uns Gorkis Menschen, Gorkis „Verlorene Leute“ als merkwürdige und eigenartige Sonderlinge. Der ehemalige Rittmeister, jetzige Herbergswirt, gewesene Besitzer eines Gesindevermietungskontors und einer Druckerei, Aristid Kuwalda, ist die Hauptfigur. Er hat sein Leben nicht vergewaltigen können und ist Anführer und Genosse einer sonderbaren Schar geworden. Sein bester Freund ist ein gewesener Schulmeister. Der verdient sich durch Liefern von Zeitungsberichten ein ganz hübsches Stückchen Geld. Aber was ist so einem Menschen Geld? Er geht hin, kauft Obst, Süßigkeiten und gutes Essen für die eine Hälfte seines Einkommens, ruft alle Kinder der „Offenen Gasse“, in der Kuwaldas Herberge liegt, zusammen und bewirtet sie unten am Flusse mit diesen Leckerbissen. Die zweite Hälfte seines Einkommens verleiht er zum guten Teil an seine Freunde — und den Rest verbraucht er für Herbergsmiete und für Schnaps.

Noch mehr solcher verkrachten Intelligenten hausen bei Kuwalda. Alles Menschen, die etwas gewesen sind. Darum nennt sie Gorki auch „Biwschije ljudi", genau übersetzt: „Gewesene Leute".

Die Erzählung ist für unser Empfinden zu umfangreich, zu langatmig. Lange, einleitende Schilderungen, zu genaue, kleinliche Beschreibung des Äußeren, besonders des Äußeren der Personen schaden dem klaren, scharfen Eindruck, verwischen das Charakteristische. Wenige Worte würden deutlicher sein. Eine gewisse Unfähigkeit zur Beschränkung muß man Gorki vorwerfen, will man ehrlich sein.

Das aber will wenig bedeuten gegen die restlose, scheinbar unpersönliche Darstellung des Treibens der Gewesenen, das durch die heroische Tat Kuwaldas wie von einem unverlöschbaren

BARFÜSSLER AM WOLGAQUAI BEI NISHNI-NOWGOROD

[Nach einer von Gorki gestellten Aufnahme]

Stern erhellt wird. Kuwalda verliert seine nicht geringe Lebenssicherheit, als ihm sein Kamerad, der Schulmeister, gestorben. Er empört sich gegen die brutale Behandlung, die er und andere Bewohner der Offenen Gasse von den Vertretern der Regierenden und des Bürgertums erfahren. Mit schlecht verhehlter Absicht vergreift er sich an seinem Todfeinde, dem Kaufmann Petunnikov — und schmäht die Polizisten. Er erreicht seinen Zweck. Er wird geknebelt und abgeführt.

Leider hat Gorki seinen Menschen der Tiefe eine zu hohe Philosophie mitgegeben. Er füllt seinen eigenen Wein in ihre Schläuche. Wohl besitzen die Landstreicher und Bummler oft eine tiefe, nur ihnen eigentümliche Welt- und Lebensweisheit. Aber sie äußert sich doch mehr unbewußt, mehr instinktiv, nicht so pathetisch wie bei Gorki.

Überhaupt ist der pathetische Grundton Gorkis sein künstlerischer Mangel. Das reine Hell der bloßen Heiterkeit fehlt ihm. Wohl besitzt er Humor. Aber sein Humor ist gallebitter und ätzend wie Schwefelsäure. Beispiel: „Kain und Artem.“

Kain ist ein armseliges, jüdisches Hausiererchen. Artem, der hübsche, felsstarke, aber faule Liebhaber der Höckerinnen, wird von ihm gepflegt, als Rachsüchtige und Neidische den Burschen halb tot geschlagen. Zum Dank für die Pflege, für die Rettung aus Schmach und Not schützt Artem den verfolgten, verhöhnten Kain. Aber zuletzt wird ihm der Dank lästig — wie allen Mächtigen der Dank gegen die Kleinen erniedrigend erscheint. Und der Löwe jagt die um Hilfe flehende Maus, die ihn einst aus dem Fangnetz befreit, davon und schläft lächelnd ein . . .

Diese finstere Erkenntnis spricht sich auch in dem Ausgang anderer Erzählungen aus. Sie schließen fast alle mit der schweren Trübe eines regnerischen Märzabends, der uns wieder zweifeln läßt, ob denn der Frühling wirklich naht.

Gorkis finstere Erkenntnis und Pathetik ist aber notwendig zu der anklagenden Symbolik der „Verlorenen Leute“.

Da erzählt er, schlicht wie ein Chronist, daß das fette Bürgertum oben auf den Hügeln zwischen wohlgepflegten Gärten wohnt. Wenn es regnet, strömt der ganze Unrat der oberen Stadt in die „offne Gasse“.

UND DIE FINSTERE PAthetik und diese Erkenntnis ist es wohl auch, durch die wir manchmal Gorkis Menschen als eine neue Art Helden empfinden. Sie zeichnen sich aus durch ein unbeschränktes Unabhängigkeitsgefühl. Sie haben die Fähigkeit und das Streben, alle lieb gewordenen Gewohnheiten, Pflichten und Zustände zu verlassen und von sich zu werfen.

Es ist ein Heroentum, ein hochromantisches Heroentum, das Gorki darstellt. Aber nicht eins nach dem Rezept der alten Romantik: alt, mystisch, aus ferner Vergangenheit Ideale ausgrabend. Es ist eine lebendige wirkliche Romantik. Wenn auch einige von Gorkis Helden ganz wie die Helden der voraufgegangenen Literaturepoche an ihrer Schwäche zu grunde gehen — die meisten Helden des „Bitteren" gehen zu grunde an einer Tat.

Und in diesem rücksichtslosen Aufstellen und Verherrlichen solcher Tatmenschen liegt das,

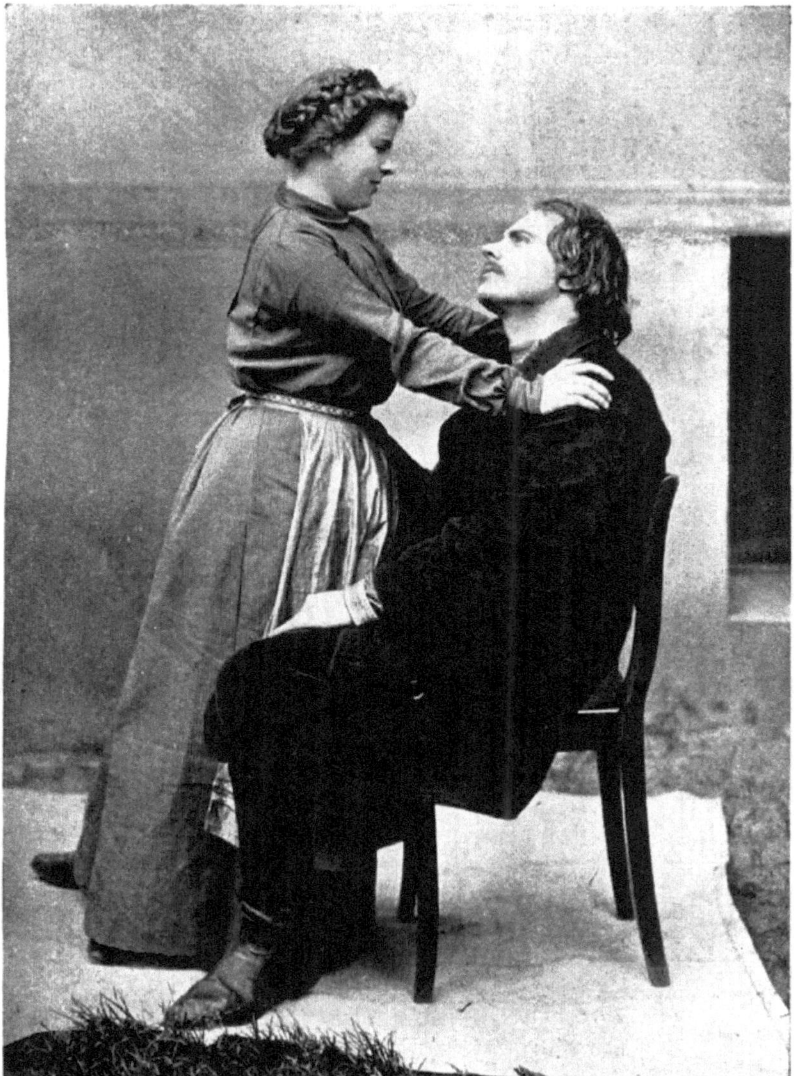

LIEBESSZENE ZWISCHEN POLJA UND NIL AUS DEM 3. AKT DER „KLEINBÜRGER“

[Nach der Aufführung des Berliner „Lessing-Theaters“; Darsteller: Frl. Collendt, Herr von Winterstein]

was Gorkis Erfolg so hoch emporhebt über so viele, und auch über die ihm vorhergehende Generation. Hier liegt das, was die Jugend seines Vaterlandes zu ihm reißt — dieses Vaterlandes, das mit rasselnden Ketten belastet ist.

* * *

Eine ganz besondere Vorliebe für starke, ungewöhnliche Menschen beherrscht Gorki. Fast in allen seinen Erzählungen treten solche Gestalten auf. Da ist die alte Isergil, deren Liebes-Odyssee er zu einer sagenhaften Größe ausmalt. Da ist der kühne, furchtlose Hafendieb Tschelkasch in der gleichnamigen Geschichte. Da ist die kecke und leichtfertige, liebesstarke Malwa, die den Mann dem zaghaften Jüngling vorzieht. Da ist der rote Waska, der Hausdiener und Büttel eines öffentlichen Hauses und noch eine Reihe ähnlicher Kraftmenschen.

Leider gibt Gorki manchem von ihnen einen weichen Zug, weshalb manche russische Kreise — und besonders anspruchsvolle Ästhetenkreise mit halber Berechtigung solche Werke Auerbachiaden nennen. Da ist z. B. Jemeljan, ein gewohnheits- und gewerbsmäßiger Räuber. Er zieht aus, in der Nacht einen Kaufmann zu überfallen und auszuplündern. Aber da trifft er ein junges Mädchen aus besseren Kreisen an der Brücke, an der er seinen Überfall ausführen will. Sie will sich umbringen. Und im Gespräch mit ihr vergißt er alles; sie rührt ihn so, daß er sie vom Selbstmord zurückhält und ihren Eltern zuführt.

Trotz der dicken Unwahrscheinlichkeit und Rührseligkeit enthält diese Geschichte auch einen feinen Humor. Und eine Skizze ist besonders mit Humor getränkt. Mit Humor, der aus dem Charakter der Menschen kommt, der nur über die Menschen lächelt. Es ist die Geschichte von dem Silberschloß. Drei Gelegenheitsarbeiter stehlen beim Abbrechen eines alten Bauwerkes eine silberne Schnalle. Einer von ihnen verzichtet auf seinen Anteil und trägt die Schnalle wieder zurück. Zum Dank dafür schimpft die alte Hauswirtin ihn aus.

Doch das sind nur so nebensächliche, mehr unterhaltende, aber immer kunstvolle Arbeiten.

Leider stört in vielen dieser Erzählungen die fast an einen Routinier gemahnende Ausnutzung der Situationen, der Stoffe und Ideen. Seine Pathetik, sein Mitleid verführen ihn oft zu einer Breite und einem Wulst, die dem echten, reinen Künstler fremd sind. Aber das liegt wohl auch an seiner Vorliebe für charaktervolle Menschen.

Die bedeutenden Charaktere ziehen Gorki immer wieder an. Und an einzelnen Stellen gelingt es ihm auch, Menschen zu gestalten, die sich nicht mehr vom Leben in die Hand nehmen lassen, sondern die es selbst in die Hand nehmen.

* * *

Gerade in Rußland, wo ein düsterer Pessimismus in der Literatur das Übergewicht bekommen hatte, mußte ein Schriftsteller, der das Dasein in seinen Grundprinzipien bejahte, einen besonderen Willkommen finden. Wie Gorki das Leben auffaßt, sagen die Worte des Lokomotivführers Nil in den „Kleinbürgern“, einer sympathischen, aber nicht ganz von Renommisterei freien Gestalt. Nil, fast der einzige lebensmutige und herzhafte Mensch in einem Bündel Schwächlinge und Zerstückter, sagt:

„Ich weiß, daß das Leben schwer ist, daß es bisweilen widerwärtig rauh und hart ist, und ich verabscheue sie, diese Ordnung der Dinge. Ich weiß, daß das Leben eine ernste, wenn auch noch nicht geordnete Sache ist . . . daß ich alle meine Kräfte und Fähigkeiten einsetzen muß, damit es in Ordnung komme. Und mit allen Mitteln meiner Seele werde ich meinem innern Drange gerecht zu werden suchen: mitten ins dichteste Leben mich hinein zu mengen, es bald so, bald so zu kneten, den Einen in den Weg zu treten, den Anderen beizuspringen . . . Das, ja das ist die Freude des Lebens!"*

Solche Worte mußten nach der Trostlosigkeit der vorhergehenden Epoche erquickend und belebend wirken. Dieser neue Geist, diese neuen Menschen packten die Zeitgenossen mit ganzer Kraft.

Zweifellos würde diese Wirkung noch tiefgehender sein, wenn den Gorkischen Helden

SPIELERSZENE AUS DEM 2. AKT DES „NACHTASYLS“

[Nach der Moskauer Uraufführung]

nicht immer noch irgend ein Rest des Alten anhaftete. Gewiß, es sind Menschen der Tat. In Gorkis Werken pulst ein ganz anderes Leben, bewegen sich mutigere Menschen, als in den Werken anderer russischer Schriftsteller. Aber selbst der Lokomotivführer Nil kann keinen der Leidenden von seinen Schmerzen befreien. Er nimmt wohl voller Lebenszuversicht die Polja fort aus ihrem Kreise, läßt aber ein um so größeres Dunkel hinter sich. Auch er formt noch nicht das Leben um — und so haftet ihm denn ein klein wenig von einem russischen Worthelden an.

* *
*

Die „Kleinbürger“, das erste dramatische Werk Gorkis, schildert den ewigen Kampf der Söhne und Väter. Mit grauenhaft grauen Strichen wird hier die dumpfe Enge des russischen Kleinbürgertums, seine bornierte Überhebung, seine Kraftlosigkeit und Kleinlichkeit gemalt. Die Kinder des Kleinbürgers Beßjemenows möchten wohl nach andern Ufern, an denen freundlichere Blumen blühen und duften. Aber ihre

Kräfte reichen nicht aus. Die Tochter will sich vergiften, weil ihr Pflegebruder, jener Lokomotivführer Nil, sie verschmäht. Doch als sie die Wirkung des Giftes spürt, ruft sie jämmerlich um Hilfe . . . Der Sohn ist Student und von der Universität verbannt worden. Nun liegt er zu Hause herum und findet nicht die Energie, sich einen neuen eigenen Weg zu bahnen. Aus seinen mutlosen, verdrossenen Worten spricht die Mattheit einer ganzen Generation — ebenso, wie aus den tobenden aber tatunlustigen Worten des trunksüchtigen Kirchensängers Teterew. Alle gemütvollen Beziehungen zwischen Eltern und Kindern fehlen in diesem Hause.

Da erfrischt es, die anderen Menschen zu sehen, die nicht Blut von diesem Kleinbürgerblut sind. Der schnapsliebende, aber natürliche und heitere Vater der Polja, der Nichte des Kleinbürgers, die in diesem Hause ausgebeutet und malträtiert wird, ist in seinem vergnügten und doch gefühlvollen Egoismus so recht ein Vertreter des einfachen Russen, des gemeinen Mannes. Und diese Polja und dieser Nil! So recht das frische Blut der Zukunft. Wie sie beide in ihrer Liebe überzeugt sind: „Ach, wie schön ist's doch auf der Welt? Ist's nicht so?"

„Wunderschön ... du mein herzlieber Freund ... du mein prächtiger Mensch ..."

Ist auch dies Werk weit entfernt davon, ein geschlossenes Drama zu sein, so ist es dennoch von eigenartigen Qualitäten. Diese Menschen reden oft so gescheidt, wie Essayisten, sie scheinen oft nur Gefäße für progammatische Erläuterungen zu sein. Aber sie sind doch in ihrer Totalität Typenextrakte des russischen Volkstums.

* * *

In den größeren Werken, die den „Kleinbürgern" voraufgingen, in den Romanen „Foma Gordjejew" und „Drei Menschen" treten auch wilde und tapfere Gestalten auf. Doch ist in ihnen noch nicht Gorkis neue Lebensanschauung so klar und wohltuend formuliert, wie im „Nil" oder anderen späteren Figuren. Vielmehr gehen jene Gestalten noch an der Überfülle ihrer Kraft und an der Gemeinheit ihrer Umgebung elend zu grunde.

In „Foma Gordjejew“ geißelt Gorki den skrupellosen russischen Großkaufmann, der nichts weiter kennt als den Profit und den gröbsten Sinnengenuß und der sein eigen Fleisch und Blut verkümmern läßt, wenn er von seinem egoistischen Standpunkt auch nur um einen Zoll breit weichen soll. Foma, der nicht geschaffen ist zum Handelsherrn, der wohl herrschlustig, aber zu großmütig zu den kifflichen Geschäften der Kaufleute ist, muß ihnen unterliegen. Und die Kinder seines ihn besiegenden Vormundes retten sich nur dadurch aus dem Elend, daß sie sich ihrer Umgebung einfügen.

* *
*

In diesem Roman ist aber, trotz allem Quälenden und Zermalmenden, doch ein wunderbar Aufrichtendes: die herrlichen, farben- und lebensreichen Naturschilderungen. „Foma Gordjejew“ ist der Roman des Wolgalebens.

Mit welcher Intimität, mit welcher Vertrautheit, mit welchem vollen Herzen hat Gorki hier gesehen und geschildert! Der große Strom mit seinen vielgestaltigen Charakteren, mit seinen

SZENE AUS DEM 2. AKT DES „NACHTASYLS“

[Dargestellt von Frau Rosa Bertens, Frau Vallentin, Herrn von Winterstein und Herrn Arnold im „Kleinen Theater“ zu Berlin]

kraftstrotzenden Ereignissen vermählt sich mit dem Schicksale der Menschen und rauscht an uns vorüber . . .

Diese Verbindung von Menschlich-Allzu-Menschlichem mit der prächtigen Wiedergabe der Natur ist es auch, die manche der Gorkischen Erzählungen so auszeichnet, die sie oft erst für manche Leser lesenswert und lesensmöglich macht. Manche Schilderungen aus dem Leben der außerhalb der Gesellschaft Lebenden würden ohne diese verklärenden Naturmalereien vielfach abstoßen. Das wäre besonders der Fall bei „Malwa“. Dieses robuste, frei liebende und lebende Mädchen erweckt viel Sympathie durch die Kraft, mit der sie in der Natur drin steht, wie sie in's Wasser springt und, gleich einem Fisch, drin herum spielt . . .

* *
*

Seine zahlreichen Wanderungen durch die russische Ebene, seine Fahrten an den südlichen russischen Meeren haben Gorki eng mit dem Leben der Natur verflochten, haben ihm poetische Einblicke und Motive gegeben, von denen andere Schriftsteller, die in der Universität, in Kanzleien oder in den großstädtischen Kaffeehäusern groß geworden sind, nichts wissen. Sein Leben in Armut hat ihn reich gemacht. So konnte er einige deutungsvolle Gedichte in Prosa aus dem Leben der Natur, aus dem Kampfe der Kräfte da draußen schaffen. Ist die Skizze „Frühlingsstimmen“ mehr satirisch, voll leicht zu erfühlender Spitzen und Stacheln, so ist „Dammbruch“ voll der ganzen Gewalt, die in einem stürmisch aufgewühlten Meer toben und rasen kann. Da bauen die unfreien Menschen steile, felsige Dämme ins ungebärdige, freie Meer hinein. Die Wellen, die so lange sorglos und heiter dahingerollt waren, werden nun beengt und zerschlagen sich an den harten, finsteren, kalten Felsen. Bis dann in gigantischem Ringen Unwetter und Sturmwind mit den Wellen sich gegen die starren fesselnden Felsen verbünden und die Felsen jäh zusammenbrechen . . .

* *
*

Von ganz anderer Art ist wieder der Roman „Drei Menschen“. Die Erzählungen und Skizzen, die Gorki vor diesem Werke veröffentlichte, gaben nur immer Ausschnitte, Katastrophen oder Zustandsschilderungen aus interessanten Stoffgebieten des Dichters. Zwar enthielten sie den Extrakt des Lebens seiner Menschen. Sie belichteten die Axe ihres Daseins. Aber sie kamen über einen ganz gewiß nicht restlosen Impressionismus fast nie hinaus — und traten auch oft mit allzu großer Prätension auf. Nur zu häufig überwog das Lehrhafte. Gorki begnügte sich nicht immer mit dem Vornehmen: hier habt ihr ein Stück Leben. Er wollte oft irgend eine kleine Weisheit anbringen. Von klarer geschlossener Form war wenig zu finden. Überladenheit mit Details, mit ins Kleine gehenden Schilderungen verunstaltete seine Erzählungen. In Deutschland hat Gorki seinen Übersetzern manches zu danken. Das wurde besonders klar bei der von August Scholz besorgten Übersetzung des „Makar Tschudra“, der ersten Veröffentlichung Gorkis. Zuerst gab

Scholz nur ein Stück dieser Erzählung. Später, als alles, was von Gorki kam, für etwas Bedeutendes galt, als Gorki ein buchhändlerischer Erfolg wurde, ward der ganze, nicht von Wust freie „Makar" der Übersetzung für würdig befunden.

In dem Roman „Drei Menschen" verläßt Gorki seine freie Vagabundenwelt. Er schildert Menschen, die zwischen den Vagabunden und den Festsitzenden leben, Menschen, die in keiner der beiden Welten, nicht bei den Landstreichern und nicht bei den Gesicherten, Ruhe und Glück finden. Nur sind es weit mehr als drei Menschen, die in diesem Romane eine bedeutungsvolle Zeit, bedeutungsvolle Geschicke durchleben. Mit wie viel mehr Recht könnte der Roman „Viele Menschen", meinetwegen auch „Keine Menschen" heißen. Ganz, wie man die Schilderungen des Autors auslegen will. Schließlich haben alle Menschen des Romanes etwas Menschlich-Unmenschliches.

Dieses Buch ist eines der erschütterndsten Werke des russischen Dichters. In großen Zügen

SCHLUSSSZENE DES 3. AKTES VOM „NACHTASYL“

[Nach der Moskauer Uraufführung]

entrollt es nicht nur russisches, sondern allgemein menschliches Leben. Der Bauernjunge, der ins Stadtproletariat hineingerät, leidet an dem Leben, das um ihn herum und in ihm seine Geheimnisse aufrichtet: „Warum müssen die Menschen einander so quälen?“ Das nagt und frißt an ihm, drückt ihn nieder und peitscht ihn wieder empor. Hier hat Gorki aus einem Problem, aus dem nur allzu viele nichts weiter als eine Satire machen konnten, eine gewaltige Tragik geschöpft. Der emporstrebende Proletar, mochte es nun ein Bauernjunge oder ein Arbeitersohn sein, ward meist mit leichtem Gelächter abgetan. Nur zu häufig sprach sich da eine ungerechte Überhebung der akademisch Gebildeten aus. Allzu kurzsichtig sahen sie an den mit ungewöhnlicher Energie und Intelligenz ausgestatteten Männern, die aus den niederen Volksschichten stammen und nicht Bildungsberufe erwählten oder erwählen konnten, nur das Komische. Sie sahen nicht, wie erfrischend und stärkend diese Menschen auf das gesamte Volksleben wirkten. Sie sahen nicht, wie notwendig eine solche

Zuführung „gemeinen Blutes“ den höheren Formen des Volkskörpers war. Sie sahen nicht, daß diese „Parvenüs“ neue Geschlechter, eine neue Kultur begründeten. Sie sahen auch nicht, daß manche Klüfte immer unausfüllbarer wurden. Sie fühlten nicht den eigenen Hochmut, den Gorki in diesem Roman an einer Figur, an der Studentin, so klassisch und wehmütig darstellt. Sie fühlten auch nicht, daß diesen Emporkömmlingen vieles eigen, was ihnen — und nicht gerade zum Vorteil — fehlt. Gorki wußte, wie das Emporstreben nicht ohne inneres Kämpfen und Ringen abgeht. Und mit feiner Psychologie hat er seinen, aus dem Elend Herausstrebenden die große Sehnsucht nach der Reinlichkeit gegeben. Das ist immer das Zeichen des Höheren, daß es empfindlicher für Sauberkeit ist, und es ist auch immer das Zeichen des aus seiner niederen Umgebung sich Fortsehnenden. Nicht nur um den äußeren Schmutz handelt es sich — auch vom inneren will sich so ein Mensch loslösen. Und er arbeitet und arbeitet, will rein werden. Und gerät nur immer tiefer in den Schmutz.

Selten hat ein Dichter die frohe Rücksichtslosigkeit, wie sie Gorki eigen ist. Er ist frei von falscher Nachsicht, gerade wie sein Bauernjunge, den der Trieb nach Reinheit — nicht die erkünstelte Reue — dazu zwingt, seine Intimität mit seiner jungen Wirtin und Geschäftsteilhaberin, der Beamtenfrau, bei einem ihrer Gastmähler vor allen Bekannten zu gestehen — und auch zu gestehen, daß er einen alten Wucherer ermordet hat. Und nicht das Schuldgefühl des Raskolnikow ist es, das ihn zum Geständnis, zur Reinigung treibt. Es ist der Ekel vor den Menschen, denen er so ideal und erwartungsvoll gegenüber stand.

Und hier ist es, wo mir Gorki beinah über Dostojewski hinauszugehen scheint. Raskolnikow ist ein Mörder aus Theorie, ein Büßer aus Schwäche. Gorkis Mörder aber mordet aus dem inneren Zwang heraus. Seine Tat, sein Geständnis, alles ist klare, naive Notwendigkeit. Hier steht einer, dem es nicht leid tut, ein Gewürm vernichtet zu haben.

Wer bereut seine Tat? Von den Verbrechern, die ich in Pennen, Herbergen und Arbeiterkolonien kennen gelernt habe, fast nicht ein einziger. Und die Tat war auch fast immer wie ein aus heiterem Himmel niederschlagender Blitz über sie hereingebrochen. Das unerbittliche, meist unbewußte Muß, nicht aber ein erzwungenes Wollen hatte sie getrieben. So hat Gorki hier etwas Echtes geschaffen, wenn er auch künstlerisch an Dostojewski nicht heranreicht.

Ganz einwandfrei ist mir die Zeichnung der Männer. Eine jede Person hat ihren Zweck, wirkt auf den Mörder; die Frauengestalten sind aber nicht ganz zweifelsfrei.

Gorki ist von niederschmetternder Rücksichtslosigkeit gegen die Frauen der Kleinbürger und Beamten. Er häuft auf sie alle Schlechtigkeiten. Sie sind nicht nur gemein in Gelddingen. Auch in Geschlechtsdingen, ja in allen Eigenschaften zeigen sie ihre Erbärmlichkeit. Dafür aber haben Gorkis Dirnen immer eine rührende, ergreifende, edle Eigenschaft. Die eine der Dirnen beweint ihr verlorenes Leben. Die andere will mit dem, der ihrethalben zum Mörder geworden, alles Elend und

DER SCHAUSPIELER DES „NACHTASYLS"
[Nach der Moskauer Uraufführung]

alle Sorge teilen. Und die dritte wird jäh von einem Wahrheitsdrang erfaßt. Und das im Gerichtssaal, wo ihr Liebster ihr gegenüber sitzt, wo sie weiß, daß er zu grunde geht, wenn sie ihm entrissen wird!

Hier hat Gorki wohl absichtlich seine intime Kenntnis gewisser Volksschichten verleugnet. Eine Dirne lügt sich immer heraus. Besonders ihres Liebsten wegen. Ihr Leben ist wahrlich nicht dazu geeignet, sie zur Wahrheitsfanatikerin zu machen. Ja, wenn die Dirne bei ihrem verfolgten und verachteten Gewerbe eines lernt, so ist es das Lügen. Ich habe bei meinem jahrelangen Verkehr in Zuhälter- und Dirnenkneipen nie eine wahrheitsliebende Dirne kennen gelernt. Gorki jedoch brauchte die in seinem Werk. Ihr Geständnis ist die Beseitigung des letzten Hindernisses vor dem Geständnis des Mörders. Es ist die Entfernung der letzten Stütze unter einem unterwühlten Damm.

Aber es ist auch die Erweckung des Zweifels an der Wahrheit und Wirklichkeit der Gorkischen Gestalten. Warum wird er an einzelnen

Stellen rührselig, wo er doch an anderen Stellen so hart und scharf sein kann? Er ist eben noch nicht dahin gekommen, ohne Voreingenommenheit darzustellen.

Und das läßt einen fragen: Ja, wie weit kann man seiner Menschenschilderung überhaupt glauben?

Gorki knickt eben seiner Tendenz zu Liebe oft das Wahrscheinliche. Er ist nur zu oft ein rührseliger Tendenzschriftsteller. Tendenz und Leben werden ihm nicht immer zu einem Ganzen. Das aber muß man von einem wirklichen Künstler verlangen.

* * *

Die einzelnen Werke Gorkis erscheinen uns Deutschen, wie eben der Roman „Drei Menschen“, immer noch trübe und düster. Als Ganzes stimmen sie uns traurig. Sie wirken bedrückend.

Aber es muß doch wieder beachtet werden, daß Gorki mit einer gewissen naturwüchsigen Wucht und Kraft drauf losgeht aufs Leben und daß er eine gewisse Vorliebe für lebensmutige und tatenfreudige Menschen hat. Da kommen ihm seine Erlebnisse zu gute. Sie haben ihn gestählt. In allen seinen Werken finden wir irgend so einen kraftstrotzenden Menschen. Es ist meist einer, der außerhalb der gesellschaftlichen Gesetze steht. In seiner Skizze „Tschelkasch“ ist es ein Schmuggler, ein rücksichtsloser Kerl, der einen armen Bauernburschen zwingt, ihm bei einem nächtlichen Verbrechen als Gehilfe zu dienen. Dieser Bauernbursche erweist sich als ein ganz erbärmliches Subjekt. Aus Habgier überfällt er den Schmuggler, um ihn wegen einiger Geldscheine zu erschlagen. Der schwer verwundete Tschelkasch aber wirft ihm voll Verachtung das Geld hin. Den so viel gepriesenen Bauern zeigt er als einen kleinlichen Geldjäger, als verabscheuungswerten Gesellen, der im Kampf um sein dürftig Stück Brot und um seine Ruhe jede höhere Regung verliert.

Das ist überhaupt Gorkis Glaube: nicht der Bürger, nicht der Bauer sind die Hüter und Vollbringer des Menschlichen und Edlen. Großmut und Edelherzigkeit findet Gorki fast nur bei den Verkommenen und Verfolgten.

Dieser ganz entschieden klar erkennende Blick, dieses dichterische Gefühl, daß Gorki zu den von bürgerlicher Sitte abseits lebenden Menschen treibt, darf nicht mißverstanden werden. Alle großen Dichter haben sich den Königen oder Empörern oder Verbrechern zugewendet. Nur dort, wo man über Alltagsängste hinausgewachsen, wird sich Kraft und Lust zu Unternehmungen finden. Der Dichter braucht eben Menschen, die sich auflehnen und die abseits leben von den allgemein gültigen Anschauungen.

WASSILISSA, DIE HERBERGSWIRTIN DES „NACHTASYLS“
[Nach der Moskauer Uraufführung]

SOLCHER ART SIND AUCH die Menschen des „Nachtasyls". Sie leben in der Tiefe eines abscheulichen Kellers, ein heruntergekommener Baron, ein ehemaliger Sträfling, ein gewerbsmäßiger Dieb, eine käufliche Dirne und noch mehr von solchem „Gesindel". Einer, der mit seiner Frau in ihrer Mitte haust, wird von ihnen verhöhnt, weil er sich als arbeitender Mensch von ihnen absondert:

„Ich bin ein Mensch, der arbeitet! — Als ob die andern weniger wären als er! — Arbeite doch, wenn es Dir Vergnügen macht, — was brauchst Du da groß stolz zu tun? Wenn man die Menschen nach ihrer Arbeit schätzen sollte, — dann wär ja ein Pferd besser als jeder Mensch, — das zieht den Wagen — und hälts Maul dazu!"

Und so, wie diese Worte, ist auch ihr Leben. Sie leiden wohl von der Not. Aber sie führen einfach eine Art Guerillakrieg gegen die Stadtbewohner.

Und doch sind einige darunter, denen dies Leben zwischen Schnaps und Raufen, Stehlen und Betteln zur Hölle wird. Besonders dem Dieb Pepel. Er möchte gern in ein reinlicheres Leben aufsteigen. Allein fühlte er sich nicht stark genug. Aber — mit der Natascha . . .

Diese Natascha ist die Schwester der Herbergswirtin. Dieses Weib aber hälts mit dem Pepel und will ihn nicht aus den Fingern lassen; ja, er soll sogar ihren Mann beseitigen, damit sie ungestört mit dem Diebe leben kann.

Das stößt ihn zurück.

In diese Situation hinein kommt der Pilger Luka. Er will allen helfen. Er ist voller Güte und Menschlichkeit. Der sterbenden Frau des arbeitenden Schlossers sagt er etwas Liebes. Dem verschnapsten Schauspieler erzählt er von einer Heilanstalt, in der man ihn von der Trunksucht heilen könne. Und der Natascha redet er zu, mit Pepel aus dieser Tiefe zu fliehen. Das erlauscht die Wirtin. Sie peinigt ihre Schwester und mißhandelt sie mit Hilfe ihres Mannes fast zu Tode. Da fängt Pepel an zu rasen und tut der Wirtin wirklich den Willen und erschlägt den Wirt.

Sie triumphiert. Der Dieb wird verhaftet. Und der Pilger verschwindet heimlich.

Im letzten Akt sitzen die übrigen Vagabunden wieder beisammen. Sie versuchen, sich über sich selbst und über die Welt klar zu werden. Einer von ihnen erzählt, daß der Pilger gemeint habe, die Welt sei eigentlich nur für die Tüchtigsten da. So bei den Tischlern. Da leben alle — und arbeiten — und plötzlich kommt einer und bringt das ganze Tischlerhandwerk um zehn Jahre vorwärts.

„Der Mensch ist die Wahrheit ... der Mensch — das ist etwas ganz Großes . . . alles im Menschen, alles für den Menschen . . . Trinken wir auf den Menschen!" so ruft der ehemalige Zuchthäusler Satin.

„Sei Mensch!" das ist das neue Wort für Rußland. So ist dem Russen das „Nachtasyl" zu einer Erlösung geworden — trotzdem Gorki die großen Konflikte aus seinem Stoff noch nicht geschöpft hat, die zu einer wahrhaft großen

Tragödie führen müßten. Das Nachtasyl ist diese Tragödie noch nicht. Es zeigt noch kein großes Geschehen, kein gewaltiges Schicksal, keinen großen Zusammenstoß, so daß es das Walten der großen Naturkräfte im Menschen aufdecken und so unser Gefühl vom Leben restlos erhöhen könnte. Es erdrückt immer noch etwas, es ist noch viel zu viel Jammern und Klagen drin. Und die gesamte Kritik hat sich täuschen lassen von zu großen und pathetischen Worten, die sie gleich für die tiefste Philosophie nahm. Zum Philosophieren ist der Dichter und ist aber auch die Bühne nicht da. Unsere großen Philosophen haben das alles viel gewaltiger gesagt, was Gorki einigen Ausgestoßenen in den Mund legt. Nur seine Worte vom Werte des Menschen sind eigen und ergreifend.

Und noch eins führte die Kritik irre. Sie betonte das große Mitleiden, das in diesem Stück leuchte, das der Pilger Luka verkörpere, und lobte diese Licht- und Helfersgestalt. Dabei wurde ganz übersehen, daß gerade diese Gestalt am meisten Unheil anrichtet. Zuletzt hat

DIE DIRNE NASTJA DES „NACHTASYLS",
(Dargestellt von Frau Eysoldt m „Kleinen Theater" zu Berlin

Luka keinem geholfen, sondern nur alles durcheinander gebracht und den Zusammenbruch beschleunigt.

Gorki wollte gewiß so eine Lichtgestalt zeichnen. Aber ihm fehlten die Mittel, das durchzuführen. Wider seinen Willen konnte das Wesen dieses Heilbringers nichts Gutes hervorbringen, sondern kehrte sich in das Gegenteil. Die Figur ähnelt in ihrer Wirkung dem Gregor Werle der „Wildente" von Ibsen . . .

Und auch vom rein technischen Standpunkt enthält das Nachtasyl große Mängel. Der große Umschwung wird vollzogen durch eine Lauschszene. Gerade bei der wichtigsten Unterredung zwischen dem Dieb Pepel und seiner Angebeteten und zwischen dem Pilger Luka taucht, ganz wie in den schlechtesten Rühr- und Schauerstücken, der Intrigant des Stückes im Hintergrund auf, nämlich die Herbergswirtin, die Geliebte des Diebes.

Solche absichtlichen Naivitäten darf kein großes Kunstwerk enthalten. Die jammernden Schilderungen die mehrere Asylisten von ihrem

Werdegang geben, sind auch gerade nicht dramatisch und verführen zu dem falschen Mitleid mit ihnen.

Auch in anderen Werken Gorkis finden wir derartige große Fehler. Auf den Kardinalmangel in dem Roman „Drei Menschen" habe ich schon hingewiesen.

Selbst in den Gestalten hat sich der Dichter des Nachtasyls manchmal vergriffen. Er hat nicht die Tragödie des Asylisten gegeben; er hat aber auch die Menschen des Nachtasyls nicht einmal künstlerisch richtig dargestellt. Selbst als Milieustück ist das Nachtasyl zwar interessant, aber mangelhaft und unzureichend. In dem Bestreben, diese Menschen der Tiefe den Zuhörern und Lesern recht nahe zu bringen, tut Gorki des Guten zuviel. Einmal verlangt der Dieb von dem verkommenen Baron, er solle bellen. Da sagt der Baron: — „ich weiß doch selbst, daß ich womöglich tiefer gesunken bin als du . . . — —" Und nach einer Weile erst kann der Dieb antworten: „Du hast mich verlegen gemacht, Baron . . ."

Das ist eine Sprache, die nicht von diesen Menschen gesprochen wird. Hier zieht Gorki sie absichtlich ins Lamoryante. Der Baron würde auf dieses Verlangen, zu bellen, etwa so antworten: „Was zahlst Du? Hm — was gibst Du zum besten? Eine Lage? . . .“ Oder er würde fragen, ob er ihm den Schädel einschlagen solle . . . damit wäre die Verkommenheit jener Asylisten drastisch darstellt. Auf das Darstellen kommt es an, nicht auf Deutelei. Das Philosophieren und Deuteln über ihre Persönlichkeit ist doch nur ein Notbehelf, wie es von wirklichen Dichtern verschmäht wird.

Man wird einwenden, eine Dichtung brauche nicht naturgetreu zu sein. Zweifellos aber wollte Gorki den Eindruck des Naturgetreuen erzielen. Zweifellos wollte er dadurch erschüttern. Ich aber glaube, daß er viel unmittelbarer und kräftiger erschüttert, daß er die Verkommenheit des Barons und seiner Genossen fester und künstlerischer gezeigt hätte, wenn er ganz rücksichtslos und hart gewesen wäre, so wie es Maupassant oft in seinen Skizzen gewesen ist.

Es kommt darauf an, die Verkommenheit darzustellen, nicht, darüber süßlich zu reden. . . .

Eins hat Gorki ja richtig erfaßt: das Nachtasyl ist keine Tragödie, sondern es sind nur lose Szenen, wie er es selbst nennt. Allen ernsthaften Anforderungen an ein Drama können sie nicht Stand halten. Es fehlt fast ganz jeder Aufbau, jede Entwicklung, jeder durch die Personen bedingte Umschwung oder Zusammenbruch. Ganz zu Unrecht ist es über die deutschen „Weber“ gestellt worden. Die sind denn doch etwas anderes. Die sind die klassische Tragödie der Masse. In denen ist alles gegeben, was von einem Drama zu verlangen ist: Steigerung, der notwendige Zusammenstoß und Zusammenbruch — so leicht ist diese wahrhaft moderne Tragödie denn doch nicht zu übertreffen, wenn in ihr auch nicht so gescheit philosophiert wird, wie im „Nachtasyl“. Außerdem: die Weber bedeuten einen Umschwung in der dramatischen Literatur; das Nachtasyl ist aber höchstens eine Folge dieses Umschwunges. Irgend eine Fortentwicklung des literarischen Stils bringt

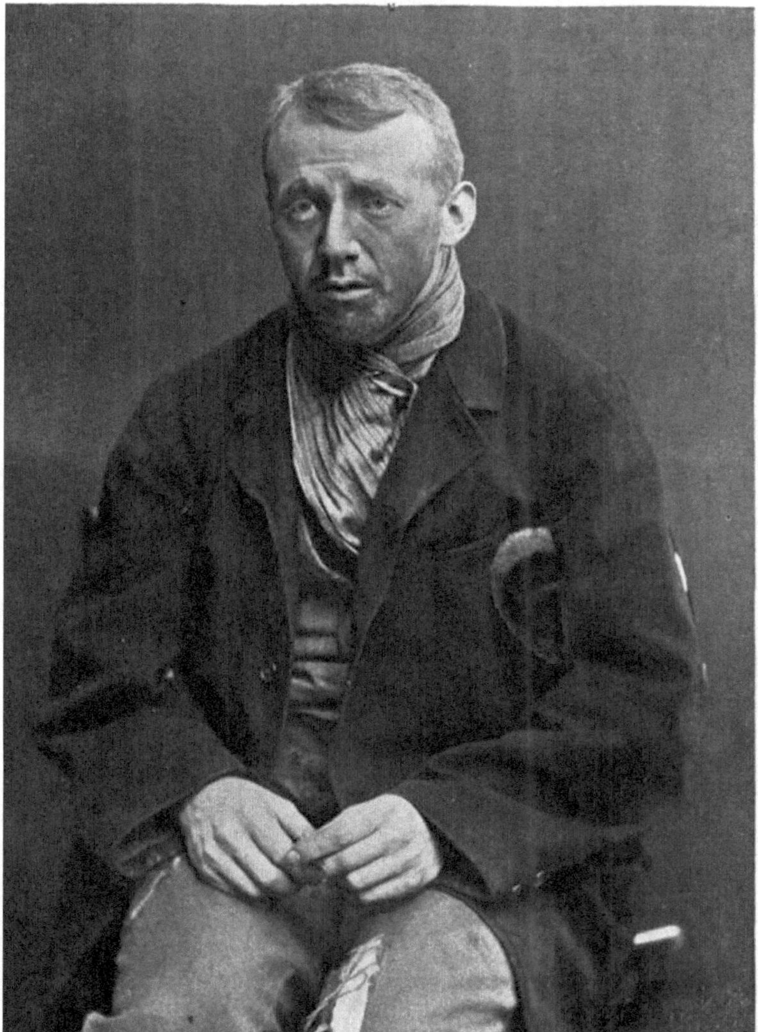

DER BARON DES „NACHTASYLS“
[Dargestellt von Herrn Wassmann im „Kleinen Theater“ zu Berlin]

es nicht — das fehlt ihnen, wie allen Werken Gorkis. Doch hat das Werk des Russen auch seine Vorzüge: Es gibt den Schauspielern äußerst dankbare Rollen, ja, es fordert begabte Schauspieler geradezu heraus, ihr Bestes, ihr Wirksamstes zu geben. So konnte denn das „Nachtasyl" in der Uraufführung des Berliner „Kleinen Theaters" einen wirklich beispiellosen Erfolg erzielen. Die vorzügliche Regie machte aus den „Szenen aus der Tiefe" ein prachtvolles Ereignis, das so packte und klang, wie ein wuchtiges Musikwerk . . . da das Werk aber auch viele menschlichen Werte hat, so gehört es zum Besten, was uns in den letzten Jahren von jenseits der Weichsel herübergebracht worden ist . . .

* *
*

Gorki hat eben mit Recht die Welt, die Schicht, aus der er hervorgegangen und durch die er hindurchgegangen, in Werken von großer Gewalt niedergelegt. Er stellt in seinen Werken das neue Rußland dar. Er selbst ist das neue Rußland. Er ist der Mensch, der alle Fährnisse des Lebens überwand.

Und er ist es, der seinem Volke neue, mutige und kraftvolle Menschen darstellt, Menschen, die den Glauben und die Lust zum Leben haben.

Er selbst ist ein solcher sympathischer Mensch. Zwar bringen ihm seine Werke jährlich große Summen ein. Doch speichert er sie nicht auf. Er klammert sich nicht an das Geld. Er weiß, wie nötig manchem eine helfende Hand ist . . . Im Innern seines Wesens ist er auch lauter Bewunderung abhold. So nur ist seine Ablehnung öffentlicher Huldigungen zu verstehen, wie sie vor mehr denn zwei Jahren im Moskauer „Künstlerischen Theater“ sich ereignete. Gorki stand mit Tschechow, dessen „Onkel Wanja“ zum ersten Mal aufgeführt wurde, teetrinkend am Buffet. Plötzlich umdrängte die Beiden eine Schar Neugieriger. Gorki rief belästigt: „Was guckt Ihr? Ich bin doch keine Prima Ballerina — keine Venus von Medici, keine Wasserleiche — wie kann Euch nur das Äußere eines Menschen, der zufällig Erzählungen schreibt, so interessieren?“

Die Klatschblätter von Moskau wollten ihm Anstand lehren, weil er die beifallspendenden Theaterbesucher so behandelt hatte; er antwortete mit der köstlichen Satire: „Von dem Schriftsteller, der zu hoch hinaus wollte."

Wenn viele Kritiker über alles, was Gorki schreibt, in Entzücken geraten — er selbst behält wie bei diesen öffentlichen Huldigungen, die richtige Distanz. Niemand hat sich so schroff über seine Theaterstücke geäußert, wie er selbst. Das allein zeugt schon von einem tüchtigen, scharfen kritischen Menschen. Aber es zeugt auch von einem ehrenwerten, besonders tüchtigen und klaren Menschen. Wer, der einzelne seiner Werke für nicht so bedeutend hält, wird das gleich seiner Umgebung, seinen Lesern mitteilen?

So darf man wohl mit Interesse sein nächstes Werk erwarten — das kein dramatisches, sondern ein poetisches sein wird. Auch das spricht für den Mann und den Menschen, daß er nicht vom Theaterteufel sich in den Zaum nehmen läßt, sondern nach neuen Aufgaben und Zielen strebt.

MAXIM GORKI

Der Barfüßler-Tschelkasch, deutsch von Erich Holm. Berlin 1903.

Das Ehepaar Orlow, deutsch v. Stef. Goldenring. Berlin 1903.

— — — — A. Lubinow. Berlin 1903.

Erzählungen, deutsch von M. Feofanoff. Leipzig I/III 1901/2.

I. 1. Einst im Herbst.

II. 2. In der Steppe.

III. 3. Die alte Isergel.
4. Gewesene Menschen.
5. Im Gram.
6. Frühlingsstimme.

Ausgewählte Erzählungen, deutsch von A. Scholz. Berlin 1901/3.

I. Das Ehepaar Orlow.
II. Der Pilger.
III. Die Holzflößer.
IV/V. Verlorene Leute.
VI. Im Weltschmerz.
VII. Großvater Archip.

Blaue Funken — Großvater Archip — Ljonka Malwa, deutsch von C. Berger. Berlin 1903.

Geld. Erzählung, deutsch von Klara Brauner. Wien 1903.

Foma Gordjejew, Roman, deutsch von Klara Brauner. Stuttgart 1901.

Gram und Anderes, deutsch von A. Schapire. Bern 1902.

Der Halunke und andere Geschichten. Berlin 1903.

Im Asyl für Obdachlose, deutsch von Laura Feil. Berlin 1903.

Ein Individualist. Erzähl. deutsch von P. Jakofleß. Leipzig 1901.

Kain und Artem — Jemeljan Pilay — Ausfahrt — Susabrina — Das Lied vom Sturmvogel — Der Chan und sein Sohn — Einmal im Herbst — Die Holzflößer, deutsch von C. Berger. Berlin 1903.

Kain und Artem und andere Geschichten. Berlin 1903.

Der grüne Kater. Ausgewählte Erzählungen, deutsch von Stefania Goldenring. Dresden 1901.

Господину Максъ Рейнгардту.

Посылаю Вамъ М. Г. и артистамъ Вашимъ мои портреты. Извиняюсь — я долженъ былъ сдѣлать это раньше, но не успѣлъ. Посылаю также альбомъ снимковъ съ пьесы „На днѣ" въ исполненіи артистовъ Московскаго Художественнаго театра. Дѣлаю это изъ горячаго желанія выразить чѣмъ-либо Вамъ и труппѣ вашей мою благодарность за исполненіе вами моей пьесы, а также для того, чтобъ показать вамъ, какъ близко вы и труппа Ваша подошли въ изображеніи типовъ и сценъ моей пьесы къ русской дѣйствительности.

Позвольте поблагодарить васъ и вашихъ товарищей отъ всей души за внимательное отношеніе къ моей пьесѣ.

Ничто не объединяетъ людей такъ глубоко, какъ искусство такъ да здравствуетъ-же искусство и тѣмъ, что служатъ ему не стра- шась изображать суровую правду жизни такой, какова она есть!

Крѣпко жму Вашу руку и руки артистовъ вашихъ. Очень жалѣю, что не знаю нѣмецкаго языка и стыжусь моего незнанія. Если-бъ я умѣлъ говорить по нѣмецки, я-бы сумѣлъ свободнѣе и проще выразить Вамъ мою искреннюю благодарность.

Всего добраго Вамъ и хорошаго успѣха отъ души желаю

М Горькій

Н-Новгородъ.
Августъ 1е
1903.

An Herrn Max Reinhardt

Ich schicke Ihnen, sehr verehrter Herr, und Ihren Künstlern mein Bild. Ich bitte mich zu entschuldigen — ich hätte es schon früher tun sollen, aber ich fand keine Zeit dazu. Gleichzeitig übersende ich Ihnen ein Album von Aufnahmen des „Nachtasyl" in der Aufführung des Moskauer Künstlerischen Theaters. Ich tue dies in dem lebhaftesten Wunsche, Ihnen und Ihrer Künstlerschar irgendwie meine Dankbarkeit für die Aufführung meines Stückes zu beweisen und gleichzeitig zu bezeugen, wie nahe Sie und Ihr Ensemble in der Darstellung der Typen und Szenen meines Stückes der russischen Wirklichkeit gekommen sind.

Gestatten Sie mir, Ihnen und Ihren Mitarbeitern von ganzem Herzen dafür zu danken, dass Sie sich meines Stückes mit soviel Eifer angenommen haben. Nichts verbindet die Menschen so innig wie die Kunst — ein Hoch darum der Kunst und jenen, die ihr aufrichtig dienen, ohne Scheu, die rauhe Wahrheit des Lebens so darzustellen, wie sie ist.

Herzlich schüttle ich Ihnen und Ihren Künstlern die Hand. Ich bedaure aufrichtig, dass ich die deutsche Sprache nicht kenne, und ich schäme mich meiner Unkenntnis. Wäre ich des Deutschen mächtig, dann könnte ich Ihnen meinen aufrichtigen Dank klarer und einfacher zum Ausdruck bringen. Ich wünsche Ihnen von Herzen alles Gute und den besten Erfolg.

Nischni Nowgorod, 1. August 1903

M. GORKI

FSC
www.fsc.org
MIX
Papier | Fördert gute Waldnutzung
FSC® C083411

Zeitfracht Medien GmbH
Ferdinand-Jühlke-Straße 7
99095 Erfurt, Deutschland
produktsicherheit@kolibri360.de

Druck:
CPI Druckdienstleistungen GmbH
im Auftrag der
Zeitfracht Medien GmbH
Ein Unternehmen der Zeitfracht - Gruppe
Ferdinand-Jühlke-Str. 7
99095 Erfurt